AF315532

Vente des Jeudi 14 et Vendredi 15 Décembre 1899

A DEUX HEURES

HOTEL DROUOT, SALLE N° 6

COLLECTION
De feu M. Joachim MEURAND
Ancien Ministre plénipotentiaire

FAIENCES ET PORCELAINES
TABLEAUX
CURIOSITÉS, MEUBLES
LIVRES

EXPOSITION PUBLIQUE
Le Mercredi 13 Décembre 1899
De 1 heure 1/2 à 5 heures 1/2

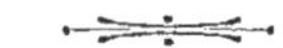

Mᵉ G. DUCHESNE | **M. CAILLOT**
COMMISSAIRE-PRISEUR | EXPERT
6, Rue de Hanovre | 17, Rue Lafayette

M. JEAN-FONTAINE, LIBRAIRE
30, Boulevard Haussmann

PARIS — 1899

IMPRIMERIE MAULDE ET RENOU

—

MAULDE, DOUMENC & Cie

IMPRIMEURS DE LA COMPAGNIE DES COMMISSAIRES-PRISEURS

Rue de Rivoli, 144

CATALOGUE

D'ANCIENNES

FAIENCES ET PORCELAINES

FRANÇAISES & ÉTRANGÈRES

TABLEAUX ANCIENS ET MODERNES

Des Écoles Française, Flamande, Hollandaise
et Italienne

OBJETS DE CURIOSITÉ

MEUBLES ANCIENS ET MODERNES

LIVRES

COMPOSANT

La Collection de feu M. Joachim MEURAND

Ancien Ministre plénipotentiaire

HOTEL DROUOT, SALLE N° 6

Les Jeudi 14 et Vendredi 15 Décembre 1899

A DEUX HEURES PRÉCISES

Mᵉ G. DUCHESNE	M. CAILLOT
COMMISSAIRE-PRISEUR	EXPERT
6, rue de Hanovre, 6	17, rue Lafayette, 17

M. JEAN-FONTAINE, LIBRAIRE

30, boulevard Haussmann

CHEZ LESQUELS SE TROUVE LE CATALOGUE

EXPOSITION PUBLIQUE

Le Mercredi 13 Décembre 1899, de 1 heure 1/2 à 5 heures 1/2

PARIS — 1899

CONDITIONS DE LA VENTE

Elle sera faite au comptant.

Les acquéreurs paieront CINQ POUR CENT en sus des adjudications.

Aucune réclamation ne sera admise une fois l'adjudication prononcée.

Nota. — *Les Livres ainsi que les Objets qui n'auront pu être vendus pendant les vacations des 14 et 15 Décembre, feront l'objet d'une seconde vente dont la date sera prochainement indiquée.*

MAULDE, DOUMENC et Cie. imp. de la Cie des Commissaires-Priseurs,
rue de Rivoli, 144   400—85473

Désignation

—

ANCIENNES FAIENCES ET PORCELAINES

1 — **Rouen.** Compotier à huit pans, décor polychrome de guirlandes et panier fleuri au
centre.

2 — **Delft.** Assiette, décor bleu, rouge et or, dans
le goût japonais. Marquée APK.

3 — **Delft.** Assiette, décorée au centre d'un paysage camaïeu bleu, le marli est composé
d'ornements polychromes dans lesquels sont
ménagés quatre réserves avec sujets camaïeu
bleu.

4 — **Berlin.** Assiette en porcelaine à marli ajouré,
décor polychrome et or ; sujet composé de
trois personnages dans un jardin, dans le goût
de Watteau.

5 — **Strasbourg.** Deux Assiettes en faïence, déco-

rées au fond d'un paysage avec ruines, en camaïeu violet ; au marli ornements bleus en relief. Marquées |Ḣ|.

6 — **Delft.** Petit Plat ovale côtelé, décor polychrome dit au tonnerre.

7 — **Delft.** Plat ovale côtelé, décoré en polychrome de fleurs et ornements.

8 — **Delft.** Deux Plats, décor polychrome : oiseaux, fleurs et ornements.

9 — **Delft.** Plat décoré en camaïeu bleu d'un grand sujet représentant une Femme dans un paysage, avec encadrement rocaille ; au marli, trois bouquets de fleurs en polychrome.

10 — **Chine.** Assiette en porcelaine mince, décorée au fond de trois personnages et ornements divers ; au marli, trois réserves reliées par des quadrillés.

Jolie pièce.

11 — **Delft.** Pot à eau côtelé, entièrement couvert d'un décor polychrome composé d'oiseaux. fleurs et ornements. Marqué APK. Très bel émail.

12 — **La Haye.** Sucrier en porcelaine, décor polychrome et or composé de paysages et fleurs. Marque A la Cigogne.

13 — **Mennecy.** Sucrier en porcelaine tendre, décor polychrome de bouquets de fleurs.

14 — **Rouen.** Deux Potiches, forme boule, décor polychrome de branchages fleuris, rocailles et quadrillés. Montures en bronze.

15 — **Chine.** Deux petites Potiches, décor camaïeu bleu.

16 — **Delft.** Deux petites Plaques en largeur à bords découpés, décors variés; une est à blason.

17 — **Delft.** Plaque forme cage, décor bleu, jaune et manganèse, à sujet de Femme donnant à manger à un perroquet.

18 — **Chantilly.** Quatorze Tasses à café en porcelaine tendre, décor camaïeu bleu à l'épi

19 — **Rouen.** Jardinière rectangulaire, forme papeterie, décor polychrome dit : A la Tulipe.

20 — **La Courtille.** Vase forme Médicis, porcelaine de Locré, décor polychrome composé de deux sujets en grisaille reliés par des ornements sur fond rose.

21 — **Castelli.** Deux Plaques rectangulaires en faïence, décor polychrome; l'une de deux personnages dans un paysage et l'autre avec château et cours d'eau.

2.

22 — **Chantilly et Arras.** Environ cinquante Assiettes et Compotiers en porcelaine tendre, décor bleu à l'épi.

23 — **Delft**. Six Assiettes, décor japonais, bleu, rouge et or. Marquées APK.

24 — **Delft**. Plat rond, décor polychrome, dit au Tonnerre.

25 — **Delft**. Plat rond, décor bleu, rouge, vert et or, dans le goût chinois. Marque APK.

26 — **Delft**. Huit Assiettes, décor camaïeu bleu, représentant les différentes phases de la Pêche du hareng. Marque A la Hache.

27 — **Delft**. Plat rond, décor polychrome et or ; au fond, grand sujet composé de cinq personnages, représentant l'Expulsion d'Agar.

Rare et jolie pièce.

28 — **Rouen.** Bannette, décor polychrome A la Pagode, bordure quadrillée.

29 — **Rouen.** Deux Assiettes, décor polychrome au Carquois.

30 — **Rouen.** Assiette décor polychrome dit A la Pagode.

31 — **Niderwiller.** Quatre Assiettes, marli ajouré, décor polychrome de bouquets de fleurs.

32 — **Delft.** Assiette, décor camaïeu bleu, représentant *la Flagellation.*

33 — **Delft.** Assiette, décor camaïeu bleu, représentant une Vue de ville de Hollande.

34 — **Delft.** Assiette, décor camaïeu bleu, représentant *le Jugement de Salomon.*

35 — **Rouen.** Pichet couvert, décor polychrome, composé d'un grand médaillon, représentant *Saint Pierre.* Pierre Douté, 1738.

> Jolie pièce.

36 — **Delft.** Potiche couverte, décor bleu, rouge et vert, de fleurs et lambrequins. Marque APK. Très bel émail.

37 — **Rouen.** Grand Pichet rafraîchissoir, décor polychrome d'ornements rocailles et sujet représentant l'*Education de la Vierge.* Anne Bertin, 1778.

38 — **Sinceny.** Vase cylindro-conique ave couvercle se vissant, décor polychrome, fleurs de sainfoin. Marque ·S·.

39 — **Rouen.** Soupière de forme oblongue, décor polychrome A la Corne tronquée.

40 — **Rouen.** Plat ovale, décor polychrome A la Double corne.

41 — **Rouen.** Boîte à épices, décor polychrome A la Corne.

42 — **Rouen.** Trois Compotiers dentelés, un décor à la Corne et les deux autres décorés de fleurs.

43 — **Niderwiller.** Statuette de Jeune Fille pleurant, décor polychrome.

44 — **Nevers.** Gourde de forme aplatie, décor de fleurs et de feuillages en vert de cuivre, jaune et manganèse.

45 — **Saint-Cloud (?).** Statuette de Jeune Fille portant une hotte, porcelaine tendre blanche.

46 — **Delft.** Dessus de Brosse, décor camaïeu bleu.

47 — **Rouen.** Salière, décor polychrome dans le goût chinois.

48 — **Delft.** Cornet à côtes tournantes, décor camaïeu bleu. Très bel émail.

49 — **Rouen.** Compotier forme quadrangulaire, décor polychrome à la Corne tronquée.

50 — **Alcora.** Sucrière à sucre en poudre forme balustre, décor camaïeu bleu.

51 — **Delft.** Garniture de cinq pièces composée de trois potiches et deux cornets avec leurs couvercles, décor chinois camaïeu bleu.

52 — **Chine.** Écuelle ronde à deux anses, décor

polychrome de fleurs dans des réserves sur fond bleu.

53 — **Chine**. Compotier dentelé, décor de la famille verte.

54 — **Chine**. Deux petits Cornets forme rouleau, décor polychrome.

55 — **Sèvres**. Petit Groupe de deux enfants en biscuit tendre.

56 — **Sèvres**. Petit Broc en porcelaine tendre, décor polychrome de bouquets de fleurs.

57 — **Sèvres**. Cuvette de forme oblongue en porcelaine tendre, décor polychrome de bouquets de fleurs.

58 — **Sèvres**. Cafetière en porcelaine tendre, décor polychrome de bouquets de fleurs.

59 — **Sèvres**. Pot à pommade porcelaine tendre, décor polychrome et or composé de couronnes de fleurs dans deux réserves sur fond gros bleu.

60 — **Chantilly**. Assiette décorée au centre de deux P entrelacés surmontés d'une couronne ; le marli est composé de guirlandes. Cette pièce qui fait partie du service de la famille d'Orléans à Villers-Cotterets est en porcelaine tendre. Marque au cor de chasse et Villers-Cotterets

61 — **Chantilly.** Quatre Assiettes porcelaine tendre; deux décors à l'œillet, une à la tulipe et l'autre de bouquets de rose.

62 — **Chantilly.** Salière double en porcelaine tendre camaïeu bleu.

63 — **Allemagne.** Deux Cache-Pots en porcelaine, décor polychrome de fleurs et draperies en relief.

64 — **Mennecy.** Petit Socle quadrangulaire en porcelaine tendre, décor polychrome de fleurs.

65 — **Sèvres.** Petit Tête-à-Tête en porcelaine pâte tendre, composé d'un plateau carré, deux tasses mignonnettes à café, un pot à crème et un sucrier; décor d'un semis de bleuets.

66 — **Delft.** Potiche, décor camaïeu bleu de personnages et ornements en relief.

67 — **Nevers.** Pichet, décor camaïeu bleu, sujet chinois. Couvercle en étain.

68 — **Chine.** Compagnie des Indes. Corbeille et son plateau ajourés, décor polychrome de fleurs.

69 — **Moustiers.** Plat ovale et deux assiettes, décor polychrome de fleurs et feuillages.

70 — **Orléans.** Cafetière en porcelaine, pâte tendre, décor camaïeu bleu. Marque au Lambel.

71 — **Berlin.** Moutardier forme baril avec sa cuillère, porcelaine, décor polychrome de fleurs.

72 — **Sèvres.** Moutardier forme baril en porcelaine pâte tendre, blanche.

73 — **Paris.** Deux vases forme Médicis en porcelaine, décor de paysages en grisaille et ornements sur fond or.

74 — **Wedgwood.** Trois pièces biscuit: Théière, Bol et Assiette, décor en relief blanc sur fond bleu.

75 — **Delft.** Bouteille décor camaïeu bleu.

76 — **Delft.** Beurrier de forme carrée avec son couvercle surmonté d'une figurine, décor camaïeu bleu.

77 — **Nevers.** Deux petites Gourdes de pèlerin, décor polychrome, dont une avec inscription.

78 — **Zurich.** Quatre Tasses forme bol et leurs soucoupes, faïence, décor polychrome de paysages.

79 — **Alcora.** Médaillon en faïence représentant la tête d'un empereur romain en bas relief; bordure polychrome.

80 — **Delft.** Deux Mules, décor camaïeu bleu.

81 — **Delft**. Couteau avec manche en faïence, décor japonais bleu, rouge et or.

82 — **Chantilly, Mennecy, Saint-Cloud.** Six pièces : deux Coquetiers, une Salière, deux Pommes de Canne et une Fourchette. Porcelaine pâte tendre.

83 — **Delft**. Bouddha accroupi, décor polychrome.

84 — **Rouen**. Pot à eau, décor fleurs de sainfoin et quadrillés sur fond bleu empois.

85 — **Rouen**. Deux petites Consoles d'applique, décor polychrome.

86 — **Delft**. Applique, décor camaïeu bleu avec Amours et ornements en relief.

87 — **Strasbourg**. Compotier d'olives, décor au naturel.

88 — **Delft**. Deux Assiettes et un Compotier, décor polychrome.

89 — **Allemagne**. Deux Chopes faïences de Nuremberg et Bayreuth ; couvercles en étain.

90 — **Kiel**. Cruche à côtes tournantes, ornée d'un joli bouquet de fleurs, faïence, décor polychrome. Couvercle étain.

91 — **Raeren**. Trois cruches en grès gris, bleu et manganèse.

92 — **Saxe.** Quatre pièces : Théière, Bol, Soucoupe, Tasse et sa Soucoupe, décor coréen.

93 — **Chine.** Deux pièces : Bol et Plateau, décor
polychrome de la famille rose. .

94 — **Nevers.** Douze Assiettes patronymiques et
patriotiques, décor polychrome et camaïeu
bleu.

95-100 — Quantité de pièces : Plats, Assiettes et
pièces de forme en faïence, porcelaine grès,
verrerie, etc., seront vendues par lots.

TABLEAUX ANCIENS ET MODERNES

101 — Portrait de Femme, attribué à **Lebrun.**

102 — Deux Portraits de Femme du xviiie siècle,
attribués à **Tournières.**

103 — Deux pendants : *Dame jouant de la mandoline.* d'après **Terburg** et *Mère jouant avec
son enfant.* École moderne.

104 — Deux pendants : Paysages, école moderne.
Signés **Marchais,** 1848.

105 — Deux Tableaux : Paysage, attribué à **Sarra-
zin** et Marine.

106 — Deux Tableaux : Portraits d'Homme et de Femme, d'après l'ancien.

107 — *Vendangeuse*, toile peinte par **Auguste Bonheur**.

108 — Paysage, toile signée **Mayer**, 1837.

109 — *Flore et Zéphir*, toile de l'école française, attribuée à **Coypel**.

110 — Panneau, nature morte, attribué à **Van Beyeren**.

111 — Paysage, école moderne, signé **Marchais**.

112 — Deux toiles : *Paysage oriental* et *Jeune Homme en prière*. Signé **Baume**.

113 — Panneau représentant : *Jésus parmi les femmes adultères*, peint par **Van Baelen** et **Van Kessel**.

114 — *Paysage et Chasse*, par **David Téniers, père**.

115 — Pastel, par **Lazerges**, tête de Femme. Signé.

116 — *Intérieur de Temple*, tableau attribué à **de Witte**.

117 — Portrait de Jeune Homme turc.

118 — Marine, école de **Vernet**.

119 — Trompe l'œil, école française du xviiie siècle. Signé **Prouvençal**.

120 — Tableau de l'école espagnole du xviiie siècle.

121 — Dessus de porte, école de **Watteau**.

122 — Grand tableau représentant le Dauphin disant à Charles-Quint : *Sire, vous êtes mon prisonnier*. Signé **Lavauden**.

123 — Copie d'un tableau représentant *Eliézer et Rebecca*.

124 — Deux toiles : Portrait de Jeune Fille et Scène tirée de l'Histoire ancienne.

125 — Grande toile du xviie siècle, paysage signé **Rolandt Savery**.

126 — Deux Dessus de porte, par **Coypel** : *Le Printemps* et *l'Été*.

127 — Dessin de l'école de **Lépicié**.

128 — Quatre pièces, Gravures et Dessins : Mlle *Mars, Talma, Un Mendiant* et *Mère et Enfant malade*.

129 — Dessin à la sanguine, attribué à **Le Prince**.

130 — Aquarelle de l'époque de Louis-Philippe, représentant *Twickenham house*.

131 — Dessin en grisaille d'un bas-relief du xviiie siècle.

132 — Paysage de **Wynants** de Bruxelles. XVIIe siècle.

133 — Trois toiles : Portrait, copie d'après **Van Dyck** et deux Paysages, école moderne.

134 — Scène antique, toile du XVIIIe siècle, de **Sébatien Ricci**.

135 — Panneau : *Enfant tenant un arc*, école hollandaise. Signé **Æ T I** $\frac{1}{2}$ 1663.

136 — Tableau attribué à **Carle Dujardin** : *Scène de Brigands*.

137 — Deux Portraits : Homme et Femme, école française du XVIIe siècle.

138 — Allégorie, d'après **Coypel**. Cadre de l'époque Louis XVI.

139 — Panneau : Portrait de femme, par **Ravestein.**

140 — Panneau : Paysage du XVIIe siècle,' attribué à **Van Goyen**.

141 — *Paysage*, d'après **Jean Huysmans**.

142 — Portrait d'Enfant tenant une image.

143 — Panneau : *Paysage*, école française moderne.

144 — Portrait de deux Jeunes Filles, école de **Netscher.**

145 — Panneau : Scène de famille, attribué à **Eisen.**

146 — Portrait d'homme, ancienne copie, d'après **Rubens.**

147 — Grand Paysage de **Marchais,** élève de Lépicié. Médaille d'or, Salon de 1847.

148 — Deux Portraits : Jeune Fille et portrait de **Lépicié.**

149 — Panneau : *Intérieur flamand*, attribué à **Van Helmont,** élève de Téniers.

150 — Environ trente Tableaux : Paysages de **Marchais.**

151 — Panneau : Paysage, école moderne. Signé **Léon Berthout.**

152 — Paysage : *les Lavandières.* Signé : **Thuillier.** 1847.

153 — Portrait d'une Princesse, attribué à **Tournières,** commencement du xviiie siècle.

154 — *Bataille*, par **Rugendas,** école allemande du xviie siècle.

155 — Panneau : *Martyr*, peinture, école flamande du xvie siècle.

156 — Peinture sur cuivre, école flamande.

157 — Marine, d'après **Joseph Vernet.**

158 -- Portrait de l'école française du xviiie siècle représentant : *Turcaret.*

159 — Tableau représentant une des Filles de Louis XV jouant de la mandoline, attribué à **Carle Van Loo.**

160 — *Joueur de clarinette et son chien,* école de **David.**

161 — Portrait de femme du xviiie siècle, école française.

162 — Portrait de femme du xviiie siècle, école française.

163 — Portrait de Jeune Fille, d'après **Boucher.**

164 — Peinture sur marbre : *Jésus au Jardin des Oliviers.*

165 — *Paysans implorant un roi pour avoir de l'eau,* de **Craesbeek,** xviie siècle.

166 — Portrait en pied d'une Jeune Princesse, attribué à **Netscher.**

167 — Paysage, attribué à **Huysmans.**

168 — *Marchande de volailles,* d'après **Miéris.**

169 — Paysage en camaïeu, école française du xviiie siècle.

170 — Panneau du commencement du xviie siècle ; *Femmes au bain*, par **Van Baelen et Van Kessel.**

171 — Portrait de *Marie Leczinska enfant*, école française du xviiie siècle.

172 — Portrait d'Homme, de l'école française.

173 — Panneau : *Amusements champêtres*, école flamande du commencement du xviie siècle.

174 — Marine, d'**Antoine Meyer,** école française du xixe siècle.

175 — Paysage de l'école française.

176 — *Troupeaux au repos.* xviiie siècle. Genre de **Lagrénée.**

177 — *Bergère au repos*, école moderne.

178 — Allégorie composée de deux personnages. Copie d'après **Boucher.**

179 — Portrait de *Marie Leczinska*, école de **Van Loo.**

180 — Nature morte : *Poissons.* xviie siècle. Par **Van Beyeren.**

181 — *Basse-cour*, attribué à **Van Utrecht,** xviie siècle.

182 — Portrait de Louis XV, école de **Nattier.**

183 — Allégorie composée de trois enfants, école de **Boucher.**

184 — Portrait de Jeune Homme, école de **David.**

185 — Paysage, école moderne, de **Troyon.**

186 — Portrait de jeune Homme, par **Pinchon,** 1827.

187 — Deux petits Tableaux : Portraits d'Homme et de Femme. Signé **Pingret,** 1818.

188 — Gouache : Paysage attribué à **Moreau.**

189 — Gravure en couleur d'après **Carle Vernet.**

190 — Dessin de l'école française. Cadre Louis XIII.

191 — Trois Dessins du xviiie siècle.

192 — Dessin : Militaires. Signé **Charlet.**

193 — Deux Dessins du xviiie siècle, attribués à **Charpentier,** représentant des *Cardeuses de Matelas.*

194 — Dessin en couleur, de **Norblin.** Signé.

195 — Pastel de l'école française : Tête de jeune Fille.

196 — Gouache, école du xviiie siècle : Paysage attribué à **Moreau le Jeune.**

197 — Deux Dessins par **Lépicié**. Signés.

198 — Pastel. Portrait d'Enfant, de l'école française du xviiie siècle.

199 — Trois Dessins de l'école française.

200 — Deux Panneaux : Portrait de Lekain, attribué à **Le Prince** et *Mort du Christ.*

201 — Quatre Dessins de l'école française.

202-221 — Environ deux cents Tableaux et Gravures. *(Seront vendus par lots).*

222 — Gravures en portefeuille.

OBJETS DIVERS

223 — Coffret carré en vernis Martin, contenant un Pot à pommade en ancienne porcelaine pâte tendre de Mennecy, six flacons cristal taillé et pièces en vermeil. Époque Louis XV,

224 — Deux Gouaches du xviie siècle, dans des cadres anciens en bois sculpté doré.

225 — Pendule fin du xviiie siècle, en marbre et bronze doré.

226 — Pot à eau et sa cuvette en cuivre argenté. Époque Louis XV.

227 — Sucrière à sucre en poudre, forme balustre en cuivre argenté. Époque Louis XIV.

228 — Grande Pendule et son socle en vernis Martin, décor de fleurs sur fond rouge. Époque Louis XV.

229 — Très joli Bas-relief en terre cuite, représentant *le Triomphe de Vénus*, composé de huit personnages xviiie siècle.

230 — Trois Pièces en émail cloisonné moderne.

231 — Sous ce numéro seront vendus un grand nombre d'Objets anciens et modernes de toute nature.

MEUBLES

232 — Cabinet Louis XIII en bois d'ébène à nombreux tiroirs décorés de peintures et incrustations en nacre.

233 — Vitrine ou Bibliothèque Louis XVI, bois de rose et palissandre. xviiie siècle.

234 — Commode de l'époque Louis XV, en bois de rose et ornements en cuivre.

235 — Deux grands Tabourets de pieds en bois sculpté laqué blanc, recouverts en velours rouge. Époque Louis XVI.

236 — Bureau de dame en bois de rose. Époque Louis XV.

237 — Console de l'époque Louis XVI, en acajou, garnie de bronzes.

238 — Petite Commode de l'époque Louis XIV, en bois de placage.

239 — Commode-Bureau dos-d'âne, Louis XVI, en acajou.

240 — Sous ce numéro seront vendus quelques Meubles et Sièges anciens et modernes.

LIVRES

Environ **1,000** **volumes,** *livres anciens et modernes :*

Journal de Paris, 1777-1789. — Visconti, *Iconographie grecque et romaine,* 7 vol. in-folio. — *Télémaque,* 1796, figures avant la lettre, maroq. rouge. — Belle, reliure ancienne, larges dent. aux armes. — *Revue de Géographie.* — Œuvres de Molière, La Fontaine, Boileau, Guizot, Thiers, etc. — Collection du *Tour du Monde.* — Publications de l'École des langues orientales. — Ch. Blanc, *Vies des peintres.* — Ouvrages illustrés, etc.

9 782329 548791